인물로 시작하는 한국사 첫걸음

나를 버리고 나라를 택하다

김해등 글 이영림 그림

스푼북

역사 속으로 떠나는 시간 여행

역사를 알려면 어떻게 해야 할까요? 역사 속으로 시간 여행을 떠나면 돼요. 시간 여행을 떠나는 방법은 바로 역사와 관련된 책을 읽는 것이지요.

일제 강점기는 일본이 우리나라를 빼앗아 통치한 시기를 뜻해요. 일본은 강제로 우리나라의 국권을 빼앗고 사람들을 억압했어요. 이 시기에 우리나라 사람들은 우리말 대신 일본 말을 써야 했고, 우리 이름 대신 일본 이름을 지어 불러야 했죠. 일본은 우리 땅에서 나는 곡식도 마구 빼앗아 갔을 뿐만 아니라 우리나라 사람들을 전쟁터나 공장으로 끌고 갔어요.

그런 상황 속에서 목숨을 바쳐 나라를 되찾기 위해 애쓴 사람들이 있어요. 바로 독립운동가들이에요. 어린 학생들부터 나이 든 사람, 가난한 사람이나 돈 많은 사람 할 것 없이 많은 사람들이 독립을 이루기 위해 자신의 안녕과 이익을 버리고 독립운동에 뛰어들었어요. 우리나라 안에서는 물론 중국 상하이의 임시 정부를 중심으로 독립운동의 불길은 세계로 퍼져 나갔지요.

그 결과 1945년 8월 15일, 일왕이 미국을 비롯한 연합군에게 무조건 항복했고, 우리나라는 해방을 맞았어요. 수많은 사람들이 독립운동에 헌신한 덕분에 나라를 되찾은 것이었답니다.

이 책에서는 치열했던 독립운동의 중심에 서 있던 두 사람을 만나 볼 거예요. 바로 김구와 윤봉길이에요. 두 사람은 일제의 주요 인물을 암살하여 우리가 일본에 맞서 싸우고 있다는 사실을 세상에 알릴 목적으로 세운 '한인 애국단'의 단장과 단원이었어요. 두 사람의 만남은 마치 영화의 한 장면 같았지요.

《나를 버리고 나라를 택하다》에서 조국의 독립을 위해 불꽃같은 삶을 산 두 사람의 발자취를 함께 따라가 봅시다. 두 사람의 이야기 속에서 강인한 의지로 역경을 이겨 낸 우리 민족의 역사를 배울 수 있을 거예요.

동화 작가 김해등

차례

조국을 위해 목숨 바친 두 독립운동가
김구와 윤봉길 … 6

기념사진
수첩 속의 유서
독립운동의 뜻을 세우다
다시 돌아오지 못할 길
내 목숨은 조국의 것이다!
홍커우 공원의 그날
효창 공원 삼의사 묘
나의 소원은!

인물의 발자취를 찾아 떠나는 여행 … 86

인물 연표 … 96

찾아보기 … 98

조국을 위해 목숨 바친 두 독립운동가

김구와 윤봉길

기념사진

　중국 상하이 거리를 한 젊은이가 걷고 있었어. 모직 코트 차림에 모자를 꾹 눌러쓴 모습이 꽤 멋져 보였어. 얼핏 번듯한 사업가처럼 보이기도 했지. 젊은이는 허름한 건물 앞에서 걸음을 멈췄어. 그러고는 번득이는 눈으로 뒤를 자꾸 살폈어. 혹시 자기를 따라오는 사람은 없는지 경계하는 눈초리였지.

　젊은이는 재빨리 문을 열고 들어갔어.

　"윤 동지, 어서 오시오!"

　건물 안에 있던 남자가 벌떡 일어나 젊은이를 반겼어. 젊은이 못지않은 다부진 몸에 눈빛은 타오르듯 이글거렸어. 바로 대한민국 임시 정부의 수장* 백범 김구였어. 젊은이의 이름은 윤봉길이었지.

　윤봉길은 허리를 깊이 숙이며 김구가 내민 손을 맞잡았어.

　"제가 한인 애국단을 잘 찾아온 게 맞군요?"

　"그렇소."

　1932년 4월 26일, 김구와 윤봉길은 '한인 애국단' 사무실에서 얼

* 수장: 집단이나 단체를 이끄는 사람.

굴을 마주하고 앉았어.

　한인 애국단은 대한민국 임시 정부와는 다른 조직이야. 일본의 중요한 시설을 파괴하거나 중요한 인물들을 암살하기* 위해 세워진 단체였지. 이런 활동을 벌여 전 세계에 대한민국의 독립 의지를 알리려는 목적도 있었어. 그런데 한인 애국단은 철저하게 비밀리에 움직이는 조직이었어. 조직원들조차도 서로를 모를 정도였지.

　김구가 조심스레 입을 열었어.

　"윤 동지를 보니 이봉창 동지가 떠오르오."

　"저도 이 동지의 소식을 들어 알고 있습니다."

　윤봉길은 입술을 잘끈 깨물었어. 굳은 표정에서 애통함이 묻어났어.

　이봉창 역시 한인 애국단의 단원이었어. 이봉창은 1932년 초, 일본 도쿄에서 일왕이 탄 마차에 수류탄을 던지는 의거를 일으켰어. 하지만 명중시키지 못하고 그 자리에서 붙잡혀 일본 감옥에 갇히고 말았어. 곧 사형당할 거란 소문이 퍼졌지. 그 후로 일본 경찰들은 눈을 벌겋게 뜨고 김구를 쫓았어. 이 모든 것을 김구가 계획하고 이봉창에게 지시를 내린 걸로 의심했던 거야.

* 암살하다: 몰래 사람을 죽이다.

김구는 걱정 어린 얼굴로 말했어.

"쉽지 않은 결정이었을 텐데, 고맙소."

"독립을 위한 길이라면 불구덩이에라도 뛰어들 각오가 되어 있습니다."

"휴우……."

김구는 깊은 한숨을 토했어. 앞으로 얼마나 많은 사람이 목숨을 바쳐야 독립을 이룰 수 있을지 아득했기 때문이야. 하지만 이내 불안한 마음을 다잡았어. 강물을 막는 강둑도 돌 한 덩이부터 시작되듯, 독립도 한 사람 한 사람의 고귀한 희생에서 시작된다고 믿기로 했어.

김구는 커다란 태극기를 벽에 세로로 붙였어. 그 사이 윤봉길은 책상 위에 놓인 하얀 종이에 뭔가를 썼어. 한인 애국단 입단식을 치를 때 읽을 '선서문'이야. 오늘은 윤봉길이 한인 애국단에 입단하는 날이었어.

김구는 윤봉길을 오랫동안 지켜봤어. 대한민국의 독립을 위해 꼭 필요한 인물인지 꼼꼼하게 살폈지. 만일 윤봉길이 일본의 밀정*이

---

* 밀정: 어떤 사실을 알아내기 위해 남몰래 엿보거나 살핌. 또는 그런 일을 하는 사람.

라면 한인 애국단뿐만 아니라 대한민국 임시 정부마저 큰 위험에 빠질 수도 있으니까.

김구가 미안한 얼굴로 입을 열었어.

"여러 동지들이 참석하지 못해 미안하오."

"아닙니다. 사람들의 환영을 기대한 게 아닌걸요. 더군다나 비밀 결사대인 한인 애국단의 정신에도 맞지 않고요."

"흠, 좋소!"

김구는 윤봉길이 쓴 선서문을 다시 건넸어.

윤봉길은 선서문을 들고 벽에 걸린 태극기 앞에 섰어. 그리고 결의에 찬 목소리로 또박또박 읽어 내려갔어.

"나는 마음속에서 우러나오는 참된 정성으로써 조국의 독립과 자유를 회복하기 위하여 한인 애국단의 일원이 되어 적과 맞서 싸울 것을 맹세합니다. 선서인 윤봉길, 한인 애국단 앞!"

선서를 끝낸 윤봉길에게 김구가 손을 내밀었어.

"윤봉길 동지의 한인 애국단 입단을 진심으로 환영하오!"

"대한 독립을 위해 목숨을 바치겠습니다!"

윤봉길은 김구의 손을 굳게 맞잡았어. 맞잡은 손에서 뜨거운 열기가 느껴졌지.

윤봉길은 4월 29일 훙커우 공원에서의 거사*를 앞두고 있었어. 그날은 일본이 중국 상하이를 점령한 일과 일왕의 생일을 함께 축하하는 행사를 여는 날이야. 한인 애국단은 이때 축하 행사에 참석하는 일본의 우두머리들을 처단할 계획을 세웠지.

김구가 따뜻한 웃음을 지으며 말했어.

"윤 동지, 남은 게 하나 있소."

"뭡니까?"

그때 사무실 안쪽의 문이 열렸어. 커다란 삼각대를 든 사진사가 들어왔어. 김구는 사진사를 반기며 윤봉길에게 말했지.

"바로 기념사진을 남기는 일이오."

"기념사진은 왜……."

"윤 동지의 한인 애국단 입단을 그냥 지나갈 수는 없어서 말이오."

"아, 예."

윤봉길은 가볍게 고개를 끄덕였어.

사진사가 재빨리 벽에 붙은 태극기 앞에 작은 의자를 놓아 주었

* 거사: 매우 큰일.

어. 윤봉길은 김구에게 넌지시 의자를 권했어. 그렇게 태극기를 배경으로 김구는 앉고, 윤봉길은 선 채로 카메라 앞에 섰지.

찰칵!

카메라 셔터 소리가 작은 사무실에 울려 퍼졌어. 김구는 카메라 셔터 소리에도 흠칫 놀라는 눈치였어. 혹시라도 셔터 소리가 밖으로 새어 나갈까 봐 염려하는 것이었지.

"거사가 코앞이라 준비할 게 많습니다."

사진을 찍은 뒤 윤봉길이 자리를 뜨려 하자 김구가 말했어.

"아니, 한 장 더 남았소!"

"기념사진 말씀입니까?"

"그렇소. 태극기 앞에 혼자 서 보시오."

김구는 윤봉길이 쓴 선서문을 윤봉길의 목에 달아 주었어. 윤봉길은 잠시 어리둥절한 표정이었어. 김구는 미리 준비한 듯 품에서 권총을 꺼내 윤봉길의 오른손에 쥐어 주었어. 그러고는 책상 서랍에서 수류탄을 꺼내 건넸어. 윤봉길은 왼손으로 수류탄을 꽉 쥐었지.

"윤 동지의 뜻이 더 분명해 보여서 든든하오!"

"감사합니다."

윤봉길은 눈을 부릅뜨고 권총과 수류탄을 든 손아귀에 힘을 꽉 주었어. 입술은 저절로 굳게 다물어졌고, 표정은 당장이라도 밖으로 뛰쳐나가 일본군의 우두머리들을 찾아 나설 것만 같았지.

사진사는 그때를 놓치지 않았어.

"찍습니다. 하나, 둘, 셋!"

찰칵!

윤봉길은 깜박 눈을 감았다가 떴어.

'목표한 그 일이 성공한다면, 나 대신 이 사진만이 남겠지. 슬퍼하거나 두려워하지 말자. 나의 희생이 대한 독립의 밑거름이 될 수만 있다면!'

짧은 순간이었지만 윤봉길에게는 동포들의 만세 소리가 들리는 듯했어.

김구는 윤봉길의 손을 이끌어 감싸듯 쥐었어.

"그날까지 떨어지는 나뭇잎도 조심해야 하오."

"염려 마십시오. 나라를 위해 바친 몸인데 어찌 함부로 할 수 있겠습니까? 철저하게 준비하도록 하겠습니다."

"암!"

김구는 마치 아버지처럼 윤봉길의 등을 토닥여 줬어. 윤봉길은 출입문을 빠끔 열고 밖을 주의 깊게 살핀 뒤에 나갔어. 바람 한 줄기가 김구의 얼굴을 쓰리게 스치고 지나갔어.

수첩 속의 유서*

목표한 그날이 하루 앞으로 다가왔어.

윤봉길은 상하이의 한 여관에 묵고 있었어. 아침 일찍 여관을 나서서 훙커우 공원으로 향했지. 바로 일왕의 생일을 축하하는 기념식이 열리기로 한 곳이었어. 윤봉길은 공원을 걸으며 내내 이봉창 동지의 의거를 떠올렸어. 일왕이 탄 마차와 똑같은 마차가 여러 대였다는 걸 미처 계산하지 못한 게 실수였지. 같은 실수를 되풀이하지 않으려면 철저히 준비하는 수밖에 없었어.

윤봉길은 품속에서 사진 한 장을 꺼냈어. 신문에서 오려 낸 상하이 일본군 사령관 시라카와의 사진이었지. 윤봉길은 시라카와의 얼굴을 뚫어져라 쳐다봤어. 시라카와가 사람들 속에 숨어 있더라도 바로 알아볼 수 있을 정도로 보고 또 보았지.

'오늘이 바로 그날이라고 생각하고 연습해 보자!'

윤봉길은 옷차림부터 철저히 점검했어.

* 유서: 죽음을 앞두고 남기는 말을 적은 글.

프랑스 조계지*를 지나 영국과 미국의 공동 조계지를 지날 때까지 아무도 윤봉길에게 눈길을 주지 않았어. 그래도 일본 조계지로 들어설 때는 바짝 긴장되었지.

곳곳에 일본 경찰과 헌병들이 지키고 서 있었어. 자칫 잘못해서 수상한 사람으로 보여지면 큰일이었지. 윤봉길은 일부러 꼿꼿하게 걸었어.

훙커우 공원은 행사 준비로 시끌벅적했어. 일꾼들은 행사가 치러질 연단을 만들고 있었는데, 벌써 구경꾼들이 속속 몰려들고 있었어. 윤봉길은 일부러 구경꾼들 속으로 들어갔어. 구경꾼들과 함께 움직이며 행사장 쪽을 샅샅이 살폈지.

윤봉길은 폭탄을 던질 자리를 미리 가늠해 봤어. 폭탄을 던지려면 최대한 행사장 가까이 다가가야 해. 적당한 자리를 찾은 윤봉길은 표시라도 하려는 듯 발로 땅을 꾹꾹 밟았지.

'당기고 하나, 둘, 던져!'

윤봉길은 속으로 폭탄 던지는 시간을 계산했어. 폭탄은 끈을

---

* 조계지: 19세기 후반에 프랑스, 영국, 미국, 일본 등의 나라가 청을 침략하기 위해 자기 나라 사람들이 자유롭게 드나들며 살 수 있도록 만든 지역.

뽑고 5초 후에 폭발해. 그러니 끈을 당기고 바로 던지면 1~2초의 시간이 남지.

'그들이 피할 수 있는 시간을 줘서는 안 돼.'

'그날까지는 떨어지는 나뭇잎도 조심해야 하네.'

불쑥 김구의 당부가 떠올랐어.

윤봉길은 화들짝 놀라 주변을 살폈어. 다행히 아무도 윤봉길을 눈여겨보지 않았어. 윤봉길은 슬그머니 발걸음을 돌렸어. 오래 머물렀다가 일본 경찰의 괜한 의심을 살 수도 있으니 여기서 염탐*을 멈추기로 했지.

윤봉길은 다시 여관으로 돌아왔어. 그런데 방문을 열자마자 낯선 인기척이 느껴졌지. 윤봉길은 소스라치게 놀라 몸을 벽에 바짝 붙였어.

"누구냐?"

"윤 동지, 어디 갔다 오는 거요?"

다행히 김구였어.

윤봉길은 안도의 한숨을 내쉬며 벽에서 떨어졌어.

* 염탐: 몰래 남의 처지나 상황을 살피고 조사함.

"훙커우 공원에 다녀오는 길입니다."

"허허, 윤 동지의 철저한 성격은 높이 살 만하오."

"천 번 만 번 점검해도 혹시 실수가 있을까 불안할 따름입니다."

"윤 동지라면 반드시 해낼 것이오."

"감사합니다."

윤봉길은 김구를 향해 고개를 꾸벅 숙였어. 김구는 인사 대신 침대 밑을 가리켰어. 윤봉길은 침대 밑에 놓인 물건을 꺼내 들었어.

"거사에 쓸 물통과 도시락 폭탄이군요."

"그렇소."

"누가 봐도 평범한 물통과 도시락으로 보일 것 같습니다."

윤봉길은 물과 밥 대신 폭약으로 가득한 폭탄을 이리저리 살폈어. 김구가 윤봉길이 들고 있는 폭탄을 매만지며 입을 열었어.

"여기 삐죽 나온 끈을 당기면 5초 뒤에 폭발할 테니 시간을 잘 계산해서 던지도록 하시오."

"예, 잘 알고 있습니다."

윤봉길은 좀 전에 폭탄을 던지는 연습을 했던 게 떠올랐어. 버릇처럼 '당기고 하나, 둘, 던져!'를 속으로 외쳤지. 몸이 저절로 부르르 떨렸어. 폭탄이 터질 때의 진동이 느껴지는 것 같았지.

김구는 탁자 위에 놓인 수첩으로 눈길을 돌렸어.

"저 수첩은 무엇이오?"

"제가 지금껏 살아온 일들을 적어 놓은 겁니다."

"그렇다면 윤 동지의 수첩을 내가 맡아 두어도 되겠소?"

"네, 선생님께서 맡아 주십시오."

"윤 동지가 걸어간 길은 우리 동포들의 가슴속에 뜨거운 불길로 타오를 것이오."

"……."

윤봉길은 가슴이 뜨거워져 말문이 막혔어.

"고향에 있는 가족들에게 남길 말은 없소?"

"아……."

윤봉길은 그제야 깊은 숨을 내뱉었어.

오로지 조국의 독립만을 생각하여 가족 걱정은 접어 두고 살아왔지만 마지막이라고 생각하니 가족들이 보고 싶었어. 윤봉길은 나이 드신 어머니와 아내를 떠올렸어. 자연스레 네 살 난 아들과 고향을 떠나온 뒤 태어나 얼굴도 모르는 둘째 아들도 생각났지.

"마지막으로 가족들에게 전할 말을 적어야겠습니다."

김구가 윤봉길을 향해 고개를 끄덕였어.

윤봉길은 차오르는 눈물을 꾹 참았어. 그리고 마지막 할 말을 시로 적어 나갔어. 유서나 다름없는 시였지. 이제 살아서는 가족들을 만날 수 없겠다는 생각에 글을 쓰는 윤봉길의 손이 파르르 떨려 왔어.

강보에 싸인 두 병정에게!
- 두 아들 모순과 담에게

너희도 만일 피가 있고 뼈가 있다면

반드시 조선을 위하여 용감한 투사가 되어라.

태극에 깃발을 높이 드날리고

나의 빈 무덤 앞에 찾아와 한 잔 술을 부어라.

그리고 너희는 아비 없음을 슬퍼하지 마라.

사랑하는 어머니가 있으니

어머니의 교양으로 성공한 사람은 동서양 역사상 보건대

동양으로 문학가 맹자가 있고

서양으로 불란서* 혁명가 나폴레옹이 있고

미국에 발명가 에디슨이 있다.

바라건대 너희 어머니는 그의 어머니가 되고

너희들은 그 사람이 되어라.

* 불란서: '프랑스'를 한자음으로 나타낸 말.

윤봉길은 단숨에 써 내려간 시를 다시 읽어 봤어. 몇 줄의 시를 따라가는 눈에 핏발이 섰어. 김구에게 눈물을 보이지 않기 위해 더욱 눈에 힘을 주었지.

윤봉길은 조국의 청년들에게도 글을 남겼어. 〈청년 제군에게〉라는 시였어. 피 끓는 청년들은 망설이지 말고 독립을 위해 일본과 맞서 싸우라는 내용이야.

윤봉길은 수첩을 덮었어. 그러자 마음 한구석에 남아 있던 불안이 사라지고 가슴이 후련해졌어. 가족들에게 해야 할 말을 모두 전했다는 생각에 마음이 놓였지.

윤봉길은 김구에게 수첩을 건넸어.

"제가 해야 할 말은 모두 적었습니다."

"……."

"지금까지는 저 혼자 걸어온 길을 적은 것이었지만 내일이면 이 길이 동포들과 함께하는 길이 되겠지요. 그러니 이 수첩도 더 이상 제 수첩이 아닙니다."

김구는 수첩을 받고 일어섰어. 할 말이 많았지만 큰일을 준비하는 시간을 방해하고 싶진 않았어. 김구는 윤봉길에게 인사하고 밖으로 나갔어. 차갑고 날카로운 바람이 얼굴을 스치고 지나갔어.

김구는 숙소로 돌아와 윤봉길의 수첩을 펼쳤어. 회중시계의 초침 돌아가는 소리가 가슴이 뛰는 소리처럼 느껴졌어. 마치 윤봉길의 남은 숨결이 느껴지는 것 같았지. 김구는 천천히 수첩에 담긴 윤봉길의 이야기를 읽어 내려갔어.

독립운동의 뜻을 세우다

홀로 남겨진 윤봉길은 생각에 잠겼어.

'내일 훙커우 공원에서 계획은 성공해도 죽음이요, 실패해도 죽음이다.'

윤봉길은 어찌 됐든 그 자리에서 붙잡힐 것이라는 걸 알았어. 모든 마음의 준비가 끝나 있었지.

윤봉길은 문득 고향 생각이 났어.

윤봉길은 1908년 충청남도 예산에서 태어났어. 윤봉길이 보통학교*

---

* 보통학교: 일제 강점기에 우리나라 사람들에게 초등 교육을 하던 학교.

를 다니던 때야. 사람들이 장터로 우르르 몰려갔고, 이어 만세 소리가 힘차게 울려 퍼졌어.

"대한 독립 만세!"

"대한 독립 만세!"

1919년 3월 1일에 3·1 운동이 벌어졌어. 사람들은 손에 태극기를 들고 나라를 빼앗은 일본에 맞섰지. 하지만 포악한 일본은 헌병과 경찰을 앞세워 총칼로 조선인들을 죽이고 잡아 가뒀어.

이후 윤봉길은 더는 학교에 다니고 싶지 않았어. 일본인 선생에게 일본어와 일본 역사를 배우고 싶지 않았기 때문이야. 윤봉길은 부모님의 허락을 받고 오치서숙이라는 서당에 들어갔어.

서당에서 윤봉길은 우리말과 우리 역사를 배웠어. 또한 각지에서 일제에 맞서 활약을 펼치는 독립군의 이야기도 들었지. 10년 전, 중국 하얼빈역에서 안중근이 조선 침략에 앞장선 이토 히로부미를 처단했다는 얘기를 듣고는 윤봉길도 마치 독립군이라도 된 듯 가슴이 뛰었어.

윤봉길이 오치서숙을 막 졸업할 때였어.

"저, 글을 배우신 분 같은데 저를 좀 도와주십시오."

어느 청년이 윤봉길을 붙잡고 물었어. 청년은 흙투성이 차림인 채로 글자가 써진 나무판자를 잔뜩 안고 있었지. 윤봉길은 의아한 눈빛으로 물었어.

"왜 그러시죠?"

"이 묘표에 쓰인 글자 좀 읽어 주시겠습니까?"

나무판자는 묘지 앞에 세워 둔 묘표였어. 묘표는 누구의 묘인지 알려 주는 표시 같은 거야. 청년은 들뜬 얼굴로 묘표를 윤봉길 앞에 펼쳐 놓았어.

"오랜만에 고향에 갔더니 아버지 묘를 알아볼 수가 있어야지요. 그래서 묘표들을 죄다 뽑아 왔습니다. 저희 아버지 성함은……."

"자, 잠깐만요."

윤봉길이 청년의 말을 가로막았어.

"묘표를 뽑은 자리에 표시는 해 두었습니까?"

"표시요?"

"그 묘표를 어떤 묘에서 뽑아 왔는지 알아야지요."

"헉…… 아이고, 이를 어쩐다!"

청년은 자리에 털썩 주저앉아 통곡했어. 아버지 묘표를 찾는다

해도 그 묘표가 세워져 있던 무덤을 찾지 못하게 된 거야. 청년은 영영 불효자식이 됐다며 한참 동안 흐느꼈어.

윤봉길도 가슴이 아프기는 마찬가지였지.

'아, 이게 배우지 못한 설움이구나. 이 청년뿐이 아니다. 배우지 못해 고통 받는 사람들을 도와야 해. 그것이 우리 민족이 힘을 기르는 길이야!'

윤봉길은 나라를 위해 할 일을 찾았어. 윤봉길은 곧바로 서당에 함께 다녔던 친구들을 불러 모았어.

"독립운동을 해야겠어!"

"뭐, 뭐라고?"

친구들이 황급히 윤봉길의 입을 틀어막았어. 일본 경찰이 들었다간 죄다 잡혀갈 일이었지. 윤봉길은 목소리를 낮춰 묘표 사건을 얘기했어. 그러고는 친구들을 설득하기 시작했지.

"학교에 가지 못하는 아이들이 수두룩하잖아?"

"그렇지."

"보통학교에 들어가 봐야 일본 말과 일본 글만 배울 테고."

"그건 그래."

"나는 아이들에게 우리말과 우리글을 가르쳐 주는 게 독립운동이라고 생각해! 그게 힘을 기르는 길이야."

윤봉길은 주먹에 힘을 주어 흔들었어. 친구들은 고개를 끄덕이면서도 말처럼 쉽지 않을 거라고 생각했어. 형편이 어려운 탓에 들이나 산으로 일하러 다니는 아이들이 많았기 때문이야.

윤봉길은 느긋한 미소를 지었어.

"낮에 일하고 밤에 공부할 수 있게 야학을 여는 거야."

"오호! 좋은 생각이야."

"그렇지, 그럼 아이들의 부모님들도 허락하실 거야."

"좋아, 우리도 도울게."

윤봉길은 친구들과 힘을 합쳐 야학을 열었어. 야학당이 된 사랑방에서는 밤늦도록 아이들의 글 읽는 소리가 났지. 야학당은 보통학교에서 가르치지 않는 우리나라 역사와 위인들에 대한 이야기도 들려주었어. 나중에는 윤봉길이 직접 만든 《농민독본》이라는 교과서로 아이들을 가르쳤지.

곧 야학당은 아이들로 넘쳐 났어. 야학당에 들어가지 못한 아이들은 울고불고 난리였지. 더 넓은 장소가 필요했어. 윤봉길은 마을

사람들과 힘을 합해 '부흥원'이라는 마을 회관을 지었어. '다시 일으켜 세운다'는 뜻이었지.

부흥원에서는 아이들의 교육뿐만 아니라 농촌 계몽 운동도 펼쳤어. 소나 돼지 같은 가축을 기르는 방법, 곡식이나 채소를 잘 자라게 하는 방법을 가르쳐 농민들에게 도움을 주었지.

어느 날 부흥원에서 학예회가 열렸어. 아이들이 그동안 배운 것을 뽐내는 자리였지. 무대에 짧은 연극도 올라갔어.

"토끼와 여우!"

사람들은 한목소리로 연극 제목을 외쳤어. 모두 연극에 흠뻑 빠져들 정도로 흥미로운 내용이었어. 일본에 나라를 빼앗긴 조선 사람들의 억울함을 빗댄 것 같았거든. 교활한 여우에게 당근을 빼앗긴 토끼가 "나쁜 여우는 당장 우리 땅에서 나가라!"라고 소리칠 때는 보는 사람들 모두 속이 다 후련했지.

연극 공연이 끝나자 박수가 터져 나왔어. 그런데 윤봉길은 박수를 치는 관객들 속에서 수상한 사람을 발견했어.

"저 사람은 누구지?"

"일본 형사야."

친구가 알아보고 낮은 목소리로 대답했어. 아니나 다를까 학예회가 끝나자 일본 형사가 윤봉길을 불렀어.

"연극을 만든 진짜 목적이 무엇인가?"

"진짜 목적이라니요?"

윤봉길은 영문을 모르겠다는 표정으로 되물었어. 일본 형사가 눈을 부릅뜨고는 소리쳤어.

"무슨 꿍꿍이냔 뜻이다!"

"〈토끼와 여우〉는 대대로 내려오는 우리나라 이야기입니다. 아이

들이 펼치는 연극일 뿐인데 무슨 꿍꿍이가 있다고 그러십니까?"

"꿍……."

일본 형사는 인상을 찌푸렸어. 그러고는 곧장 본색을 드러냈어.

"흠, 두고 보면 알겠지. 이제부터 네놈을 한시도 놓치지 않고 지켜볼 테니 조심하라고, 알았나!"

"예."

윤봉길은 억지 대답을 했어.

그날부터 일본 형사는 윤봉길을 그림자처럼 따라붙으며 감시했어. 독기를 품은 눈이 번득거리는 모양이 섬뜩했지. 윤봉길은 말 한마디 몸짓 하나까지 조심해야 했어. 괜한 트집을 잡혔다간 부흥원이 사라질 수도 있었으니까.

"난 이흑룡이라고 합니다!"

어느 날 윤봉길에게 중국 만주에서 손님이 찾아왔어. 손님은 단재 신채호가 쓴 《조선혁명선언》이라는 선물을 가져왔지. 윤봉길은 그 책을 읽고 또 읽었어. 책에는 지금 당장 모든 방법을 동원해 일본과 맞서 싸워야 한다는 내용이 담겨 있었지.

일본 경찰은 더 못되게 굴었어. 윤봉길은 일본의 감시를 뚫고 독립운동을 한다는 게 쉽지 않다는 것을 깨달았어. 때마침 잠깐 다녀갔던 이흑룡이 다시 찾아왔지.

"그동안 생각은 좀 해 봤소?"

이흑룡이 넌지시 물었어. 윤봉길은 혼자서 수없이 고민하고 내린 결정을 털어놓았어.

"책과 연필 대신 총과 칼을 들어야 할 때입니다!"

"맞습니다!"

"만주로 가서 독립운동을 하고 싶습니다."

"윤 동지, 정말이오?"

이흑룡은 윤봉길에게 대뜸 '동지'라는 말을 썼어. 둘은 서로 맞잡은 손을 크게 흔들었지. 이흑룡은 중국과 가까운 신의주에서 만나 만주로 함께 건너가기로 약속하고 먼저 떠났어. 윤봉길은 만주로 떠난다는 말을 입 밖에 꺼내지 않았어. 밤말은 쥐가 듣고 낮말은 새가 듣는 세상이었으니까.

윤봉길은 《조선혁명선언》을 아궁이에 넣어 태워 버렸어. 그 책을 가지고 있다는 것만으로도 독립운동의 증거가 되기에 충분했거든. 혹시라도 들키면 가족들까지 위험해질 수도 있었지. 윤봉길은 가족들에게조차 만주로 떠난다는 사실을 말하지 않았어. 그저 미안함과 슬픔을 담아 어린 아들의 머리를 쓰다듬으며 남몰래 눈물을 삼킬 뿐이었지.

며칠 뒤 윤봉길의 책상 위에서 편지 한 장이 발견됐어.

다시 돌아오지 못할 길

일곱 자의 짧은 편지였어. 장부 출가 생불환(丈夫 出家 生不還). '대장부가 뜻을 품고 집을 떠나면 그 뜻을 이루기 전에는 살아서 돌아오지 않는다'는 뜻이야. 아무도 윤봉길이 떠나는 모습을 보지 못했어. 윤봉길은 어둠을 틈타 다시는 돌아오지 못할 길을 떠났지.

윤봉길이 기차를 타고 평안북도 선천을 지날 때였어.

"어디로 가는 거지?"

일본 경찰의 검문이 시작됐어.

"신의주로 가고 있습니다."

"신의주 어디?"

"아, 그게······."

"신의주에는 왜 가는 거지?"

윤봉길은 갑작스러운 질문에 당황했어. 미처 이런 상황까지는 생각하지 못했던 거야. 제대로 대답하지 못하는 윤봉길을 수상쩍게 여긴 경찰은 그를 경찰서로 끌고 갔어. 일본 경찰의 고문이 시작됐지.

"독립군이 되려고 신의주로 가는 거지?"

"아, 아닙니다."

"아니긴 뭘! 언제까지 버티나 보자!"

일본 경찰의 고문은 점점 더 심해졌어. 하지만 윤봉길도 만만치 않았어. 이미 나라를 위해 목숨을 버렸다고 생각했기 때문이야. 되레 일본 경찰에게 고래고래 소리를 지르기도 했지.

"내가 독립운동을 했다는 증거라도 있소?"

"증거?······ 이 지독한 놈!"

어떤 증거도 찾지 못한 일본 경찰은 윤봉길을 풀어 줄 수밖에 없었어. 윤봉길은 45일 만에 풀려나 다시 신의주로 향했어. 신의주에서 이흑룡을 만나 함께 만주로 가는 데 성공했지. 하지만 윤봉길은 반년 만에 만주를 떠나 대한민국 임시 정부가 있는 상하이로 옮겨

갔어. 만주는 독립군이 뿔뿔이 흩어져 있어 제대로 독립운동을 할 수 없었기 때문이야.

상하이에서 윤봉길은 몹시 가난한 생활을 해야했어. 일거리를 찾지 못해 끼니를 굶고, 길바닥에서 자는 날이 많았지. 큰 꿈을 품고 집을 떠나왔는데, 2년이 지나도록 독립운동을 제대로 못 하고 있었던 거야.

다행히 윤봉길은 안중근의 친동생 안공근을 만났어. 안공근은 윤봉길의 됨됨이를 알아보고 자신의 집에 머물 수 있게 해 주었지. 윤봉길은 낮에는 닥치는 대로 일하고, 밤에는 사람들을 만나며 때를 기다리고 있었어.

1932년, 윤봉길은 일을 마친 뒤 공장 사람들과 함께 신문과 잡지를 읽고 있었어. 매일 일을 마치고 보내는 일과였지. 그때 누군가 뛰어 들어와서 숨을 헐떡이며 말했어.

"1월 8일, 도쿄에서 이봉창이 일왕에게 수류탄을 던졌다네!"

"정말인가?"

　사람들의 눈이 휘둥그레졌어. 일왕을 직접 노렸다는 건 듣도 보도 못한 아주 큰 사건이었거든.

"그래서, 어찌 됐는가?"

"안타깝게도 실패했다네."

　사람들의 어깨가 축 쳐졌어.

"이봉창이 한인 애국단 단원이라는 소문이 있어."

"한인 애국단?"

한인 애국단은 아직 사람들에게 잘 알려진 단체가 아니었어.

"김구가 한인 애국단을 이끌고 있다는 소문이야. 일본 경찰들이 어마어마한 현상금을 걸고 뒤쫓고 있대."

윤봉길은 그 사람을 붙잡고 꼬치꼬치 캐물었어. 하지만 자세한 대답을 들을 수 없었어. 한인 애국단이 철저하게 비밀리에 움직이는 조직이었기 때문이야. 윤봉길은 속으로 다짐하며 외쳤어.

'그래! 한인 애국단에 들어가자!'

윤봉길은 먼저 한인 애국단을 이끌고 있다는 김구에 대해 알아보기로 했어.

내 목숨은 조국의 것이다!

김구는 1876년 황해도 해주에서 태어났어.

본명은 김창수였지. 창수는 가난한 농사꾼의 아들이었지만 글공부를 부지런히 했어. 과거를 보아 관리가 되면 신분 차별에서 벗어날 수 있을 거라 생각했거든. 하지만 과거 시험에 떨어지고 말았어. 실력이 모자란 게 아니라 힘 있는 사람들이 돈으로 부정을 저지른 탓이었지.

나라도 어수선하고 불안했어. 청과 일본 그리고 러시아 같은 힘센 나라들이 서로 조선을 차지하려고 다투고 있었어. 벼슬아치들은 제 배만 불리려고 백성들을 쥐어짰지. 창수는 더는 두고만 볼 수가 없었어. 동학에 들어가 병든 나라를 고치고 싶었어. 동학은 '사람이 곧 하늘'이라고 말하며 당시 조선 사회를 변화시키려 했던 종교야.

동학은 양반과 상민을 따지지 않고 모두 평등한 존재라고 가르쳤어. 창수는 동학 운동을 할 때만큼은 숨통이 트이는 것 같았어. 하지만 동학이 세상을 바꾸기도 전에 일본이 군대를 이끌고 들어와 동학군들을 처참하게 짓밟고 말았어.

엎친 데 덮친 격으로 고종 임금의 왕비인 중전 민씨가 일본인들의 손에 살해당하는 비극이 벌어졌어. 창수는 더는 참을 수 없었어. 의병이 되어 일본군과 맞서 싸우겠다고 마음먹었지. 때마침 황해도 지역에 의병들이 활동하고 있다는 소문이 들렸어. 창수는 당

장 그곳으로 떠났지.

가던 길에 주막에서 하룻밤을 묵을 때였어. 그런데 자꾸 눈에 거슬리는 손님이 있는 거야.

'수상해! 생김새도 그렇고 말투도. 분명히 일본인이다. 그런데 왜 조선인 행세를 하고 있는 걸까?'

창수는 날카로운 눈으로 그 사람을 살피기 시작했어.

"저건?"

수상한 자의 옷 속에서 칼집이 눈에 띄었어. 일본인들이 사용하는 칼이었지.

'저놈은 분명히 중전 마마의 죽음과 관계가 있어. 반드시 내 손으로 원수를 처단하고 말 테야!'

창수는 먹잇감을 노리는 매처럼 눈을 번득였어. 그렇지만 함부로 움직였다가는 자신의 목숨이 위험할 수도 있었지. 창수는 상대방이 경계심을 풀 때를 기다렸어. 마침 수상한 자가 국밥을 먹으려고 하는 순간이었어.

'바로 지금이다!'

창수는 번개처럼 달려들었어. 수상한 자는 생각지도 못한 공격에

뒤로 벌렁 넘어졌지. 하지만 호락호락 당하지 않았어. 곧바로 숨겨 둔 칼을 뽑아 들고 창수에게 맞섰어.

"어림없지, 에잇!"

창수는 도리어 칼을 빼앗아서 휘둘렀어.

"윽!"

수상한 자는 창수의 칼을 맞고 쓰러졌어.

주막은 순식간에 아수라장이 되었어. 손님들이 우르르 몰려와 창수와 쓰러진 사람을 에워쌌지. 영문을 모르는 사람들은 갑작스럽게 일어난 일에 놀라 아무 말도 하지 못했어. 창수는 눈을 부릅뜨고 버럭 고함을 쳤어.

"이놈은 조선의 국모*를 해친 왜놈이오! 만약 나를 막아서는 자가 있다면 이 왜놈처럼 나의 칼을 받을 것이오!"

"......"

겁에 질린 사람들은 감히 창수를 막아서지 못했어. 창수는 붓과 먹을 빌려 자신의 행동을 알리는 글을 썼어.

---

* 국모: 임금의 아내나 임금의 어머니를 이르던 말.

> 국모의 원수를 갚고자 이 왜놈을 죽였노라!
>
> 해주 백운방 텃골 사는 김창수

창수는 알리는 글을 큰길가에 붙인 뒤 사람들에게 소리쳤어.

"당장 이 지역 군수에게 이 사실을 알리시오."

몇몇 사람들이 창수의 등을 떠밀었어.

"어서 도망치시오!"

"일본 경찰이 곧 들이닥칠 것이오!"

창수는 눈을 부릅뜨고 마다했어.

"난 죄를 짓지 않았소. 조선의 국모가 죽임을 당하는 끔찍한 사건이 일어났는데 누구 하나 제대로 된 처벌을 받지 않았소! 나는 조선 사람으로서 마땅히 해야 할 일을 한 것뿐이오!"

"아이고, 저러다 큰일 나지, 큰일 나!"

사람들은 혀를 끌끌 찼어. 창수는 아랑곳하지 않고 고향으로 돌아갔어. 의병이 되는 것도 중요하지만, 숨기는 싫었어. 목에 칼이

들어와도 당당함을 잃지 않기로 했지.

  곧 창수는 경찰에 붙잡혔고 사형 선고가 내려졌어.

  하지만 창수에게서 비굴함 같은 건 찾아볼 수 없었어. 도리어 꿋꿋하고 당당했지. 창수는 감옥에서 글을 모르는 죄수들에게 글을 가르치며 죽을 날을 기다렸어. 창수 덕분에 감옥은 학교로 변해 갔지.

  사형을 집행하는 날이 됐어. 창수는 지그시 눈을 감고 기다렸지. 그런데 교도관이 다급하게 뛰어오며 소리치는 거야.

"이보게, 창수! 자네에게 기적이 일어났네!"

"무슨 말이오?"

"임금님이 사형 집행을 중지하셨네!"

"정말이오?"

창수는 듣고도 믿기지 않았어.

하지만 일본은 창수를 감옥에 계속 가뒀어.

그렇게 감옥에서 2년 가까이 시간이 흘렀어. 그사이 창수의 생각도 바뀌었지.

'이대로 감옥에서 세월만 보낼 수는 없어. 감옥에서 나가 일본과 맞설 방법을 찾자.'

창수는 동료 죄수들의 도움을 받아 감옥에서 빠져나오는 데 성공했어. 그리고 그날부터 일본 경찰에게 쫓기는 신세가 되었지.

1905년, 일본이 강제로 '을사늑약'을 맺었어.

을사늑약은 우리나라가 다른 나라와 관계를 맺지 못하도록 외교권을 빼앗아 버린 것이야. 창수는 곳곳을 돌아다니며 을사늑약은 무효라고 외쳤어. 창수가 가는 곳마다 사람들이 몰려들었지. 그러나 1910년 8월, 일본은 강제로 '한일 병합 조약'을 맺고는 대한 제국의 국권마저 빼앗아 버렸어. 우리나라가 일본의 지배를 받는 식민지가 돼 버린 거야.

창수는 억울하게 빼앗긴 나라를 어떻게든 되찾아야 한다고 생각했어. 그래서 신민회에 들어가 독립운동을 펼쳤어. 신민회는 안창호와 양기탁 등의 독립운동가들이 중심이 되어 조직한 항일 비밀 결사 단체야. 신민회는 평양과 정주에 학교를 세워 아이들을 가르쳤고, 〈대한매일신보〉를 통해 일본이 저지른 수많은 나쁜 일들을 알리기도 했어.

"꼼짝 마라!"

1911년 창수는 갑자기 들이닥친 일본 경찰에게 붙잡혔어.

안중근이 이토 히로부미를 죽이고, 안중근의 사촌 동생인 안명근이 조선 총독을 죽이려다 실패한 사건을 두고 일본 경찰이 우리나라의 독립운동가들을 닥치는 대로 잡아들이기 시작했던 거야.

일본 경찰의 모진 고문이 이어졌어.

"독립운동을 한 사실을 바른대로 말하면 목숨은 살려 주겠다!"

"그런 일 없소!"

"뭐라고?"

일본 경찰은 창수를 거꾸로 매달고 심한 매질을 해 댔어.

"독한 놈! 숨이 끊어져도 그런 소리가 나오는지 보자!"

"내 목숨은 빼앗을 수 있을지 몰라도, 나라를 향한 내 정신은 빼앗지 못할 것이다!"

창수는 도리어 고함을 치며 버텼어. 감옥에 갇힌 지 8개월쯤 되었을 때 어머니가 창수를 만나기 위해 감옥으로 찾아왔지.

"어머니!"

자신은 나라를 위해 내놓은 목숨이라고 여겼지만, 늙은 어머니의 얼굴을 보자 가슴이 미어지는 것 같았어. 하지만 어머니의 얼굴과 목소리는 굳세고 차분했어.

"내 걱정은 마라! 나는 네가 감옥에 갇힌 게 어떤 높은 자리에 오른 것보다 기쁘구나. 이제부터 너는 나만의 아들이 아니라 우리나라의 귀한 아들이 됐다!"

"절대 부끄럽지 않은 아들이 되겠습니다."

창수는 이를 앙다물고 맹세했어.

창수는 모질고 힘든 옥살이 중에 아홉을 뜻하는 '구(九)'로 이름을 바꿨어. 그리고 호*를 백범(白凡)이라고 지었지. 호의 '백'은 가장 천한 신분으로 여겨지던 백정**에서 따온 것이고, '범'은 지극히 평범한 사람이라는 뜻이야. 가장 낮은 곳의 사람들까지도 애국심을 가져야 독립을 이룰 수 있다는 뜻을 담은 것이었지.

김구는 3년여 만에 감옥에서 풀려났어.

하지만 감옥에서 풀려났다고 해서 자유로워진 것은 절대 아니었어. 일본 경찰은 눈에 불을 켜고 김구를 감시했지. 집 밖에서 누군가를 만나는 것조차 힘들었어. 그럴수록 독립을 위한 마음은 더욱 커졌지.

"마냥 기다릴 수 없어. 기회를 찾아 나서야 할 때야!"

김구는 대한민국 임시 정부가 있는 중국 상하이로 갔어. 임시 정부는 중국 상하이에서 대한민국의 광복을 위해 임시로 조직한 정부로 독립운동의 중심 기관이었어. 임시 정부에서 내무 총장을 맡고 있던 안창호가 김구를 기다리고 있었지.

* 호: 본명 이외에 허물없이 쓰기 위해 지은 이름.
** 백정: 소나 개, 돼지 등을 잡는 일을 직업으로 하는 사람.

"임시 정부의 문지기라도 맡겨 주십시오."

"문지기라니요, 임시 정부의 경무 국장을 맡아 주시오."

안창호는 김구의 됨됨이를 알아보고 정중하게 대했어. 김구는 경찰 업무를 총괄하는 경무국을 맡아 열심히 일했어. 그러다 국무령의 자리까지 오르게 됐지. 국무령은 당시 임시 정부를 이끌어 가는 가장 높은 자리였어. 그만큼 책임도 컸지.

김구는 무엇보다도 임시 정부 조직을 탄탄하게 꾸렸어. 또 부족한 독립운동 자금을 모으기 위해 애썼어. 해외에 흩어져 있는 동포들에게 편지를 써 독립운동에 필요한 자금을 모았지. 나아가 비밀 결사대인 한인 애국단을 만들었던 거야.

김구는 입버릇처럼 말했어.

"내 목숨은 조국의 것이다!"

훙커우 공원의 그날

1932년 4월 29일, 그날이 왔어.

빠끔 열린 창틈으로 바람이 불어왔어. 습기를 잔뜩 머금은 바람 끝에 차가움이 느껴졌어. 윤봉길은 곧 5월인데도 봄이 왔다는 생각을 해 본 적이 없었어. 일본의 식민지를 겪고 있는 나라의 운명이 늘 차가운 겨울 같아서였지.

윤봉길은 창문 가까이로 다가갔어.

"흡."

가슴을 크게 열고 숨을 들이마셨어. 바람결에 꽃향기가 묻어왔어. 덕분에 지끈거리던 머릿속이 개운해졌어.

"봄이 왔구나……."

주위를 둘러보던 윤봉길이 나지막하게 말했어. 문득 꽃향기를 맡으며 봄을 떠올리고 있다는 사실에 놀랐어. 봄을 깨우는 꽃이 일본으로부터의 해방을 알리는 것처럼 여겨졌어.

끼이익!

녹슨 문이 열리며 김구가 들어왔어. 김구는 벗은 모자로 외투에 묻은 습기를 툭툭 털어 냈어. 윤봉길은 김구를 반기며 걱정했지.

"비가 내리면 안 될 텐데요."

"행사가 취소될까 봐 걱정했나 보오."

"예."

"그런 걱정은 말고 어서 아침이나 들러 갑시다."

김구는 윤봉길을 이끌고 밖으로 나갔어.

한인 애국단원의 집에 아침 밥상이 차려져 있었어. 김구는 미리 특별한 밥상을 부탁해 두었어. 불고기와 나물 그리고 흰 쌀밥이 놓인 밥상이었지. 김치는 보이지 않았어. 일본 경찰은 김치 냄새로도 조선인을 찾아내거든.

윤봉길은 밥 한 톨 남기지 않고 다 비웠어. 숭늉을 마시고 난 뒤 윤봉길이 말했어.

"선생님의 시계가 낡았는데 제 시계와 바꾸시죠."

"시계?"

"제 시계는 6원이나 주고 산 좋은 시계입니다."

"그 좋은 시계를 왜 날 주려 하는 것이오? 내 것은 2원 주고 산 오래된 시계요."

"제게는 이제 필요 없지 않겠습니까?"

김구는 말없이 고개만 가만히 끄덕였어. 윤봉길은 회중시계를 꺼내며 말을 이어 갔지.

"이제 저에게는 한 시간밖에 남지 않았습니다."

"알았소."

김구와 윤봉길은 회중시계를 맞바꿨어.

윤봉길은 호주머니에 있던 지폐도 함께 건넸어. 가지고 가야 할 물건은 물통과 도시락 폭탄이면 충분했지. 윤봉길은 정장을 입은 말끔한 차림으로 집을 나섰어. 길가에 미리 불러 놓은 자동차가 서 있었지.

윤봉길은 김구에게 마지막 인사를 올렸어.

"살아서는 선생님을 절대 뵙지 않을 것입니다."

"윤 동지, 우리 죽어서 다시 만납시다!"

김구와 윤봉길은 서로 손을 맞잡았어.

윤봉길을 태운 자동차가 훙커우 공원으로 떠났어. 김구도 임시 정부로 가지 않고 멀찍이 떨어진 비밀 숙소로 향했어. 거사가 끝나면 일본 경찰이 맨 먼저 임시 정부를 덮칠 것이 분명했거든.

윤봉길은 물통과 도시락에서 손을 떼지 않았어. 머릿속으로는 이미 수없이 그려 본 훙커우 공원을 떠올렸어. 시라카와 대장의 얼굴을 그렸고, 연단에 가까이 다가가 폭탄의 심지를 당기고 하나,

둘을 센 후 폭탄을 던지는 자신의 모습도 그려 보았어.

"손님, 도착했습니다."

윤봉길은 요금을 건네고 홍커우 공원으로 걸어갔어. 공원 입구는 오가는 자동차들과 속속 몰려드는 일본인들 때문에 북새통이었어. 반듯하게 차려입은 윤봉길도 그중 한 명이었지.

다행히 공원 경비는 윤봉길을 가로막지 않았어. 누가 봐도 말끔하게 차려입은 일본인 젊은이로 보였거든. 연단 앞에는 커다란 일장기가 휘날렸어. 일본인들도 일장기를 흔들어 대고 있었지.

정해진 시간이 되자 군인들의 행진이 시작됐어. 만여 명이나 되는 일본 군인들이 연단 앞으로 줄지어 지나갔어. 일본인들은 일장기를 흔들며 환호성을 질렀어. 일본이 상하이를 점령한 것을 축하하며 기뻐하는 것이었지.

행진을 마친 군대는 연단 뒤쪽에 줄을 맞춰 섰어. 연단 앞에 열댓 명의 일본 헌병이 서 있었고, 그 앞으로 말을 탄 헌병들이 또 서 있었어. 행사 시작이 가까워지자 시라카와 대장을 비롯한 일본 주요 인사들이 연단에 마련된 자리에 앉았어.

윤봉길은 미리 봐 둔 장소로 다가갔어. 헌병들의 눈에 띄지 않기 위해 덩치 큰 일본인 뒤에 섰지. 그러면서도 시라카와 대장에게서 눈길을 거두지 않았어.

윤봉길은 말을 탄 헌병 앞까지 달려 나가 폭탄을 던지기로 마음 먹었어.

곧 일왕의 생일을 축하하는 행사가 시작됐어.

"일동 제창*!"

일본인들이 일본 국가를 부르기 시작했어. 윤봉길은 일본인인 척 입술을 달싹이며 한 발짝 한 발짝 앞으로 나아갔어. 그리고 연단에 서 있는 시라카와 대장을 노려봤어.

일본 국가가 거의 끝나 갈 때쯤이었어.

윤봉길은 조심스럽게 물통의 뚜껑을 열었어. 뚜껑 속에서 삐져나온 끈이 만져졌어. 주변 사람들은 일본 국가를 부르느라 바빴어.

'지금이다!'

윤봉길은 폭풍처럼 앞으로 달려 나갔어. 단숨에 연단을 둘러선 일본 헌병들을 뚫고 나아갔지. 헌병들은 순식간에 벌어진 일에 서로 멀뚱멀뚱 바라만 봤어. 윤봉길의 손에 든 물통이 폭탄일 거란

* 제창: 여러 사람이 같이 큰 소리로 외침.

생각은 아예 못하는 듯했어.

윤봉길은 폭탄의 심지를 당기며 속으로 숫자를 셌어.

'당긴다, 하나, 둘…… 던져!'

물통 폭탄이 기마 헌병의 머리 위를 지나 연단으로 날아갔어. 그리고 시라카와 대장 앞에 떨어졌지.

콰쾅—!

하늘이 무너지고 땅이 꺼지는 듯한 소리가 훙커우 공원에 울려 퍼졌어. 폭발로 뿌연 연기가 피어올랐고, 연단은 순식간에 아수라장이 되었지.

"아아아악!"

여기저기에서 비명이 터져 나왔어. 일장기를 흔들던 일본인들은 공포에 휩싸여 우왕좌왕했지.

윤봉길은 도시락 폭탄을 싼 보자기를 풀기 시작했어.

"이자가 범인이다!"

일본 헌병들이 윤봉길을 덮쳤어. 윤봉길은 도시락 폭탄을 쥔 채로 헌병들에게 붙잡히고 말았어. 할 수 있는 것은 만세를 외치는 것뿐이었지.

"대한! 독립! 만세!"

윤봉길은 목이 터져라 외쳤어.

일본 헌병들의 발길질이 이어졌어. 윤봉길은 일본 헌병들에게 끌려가면서도 만세를 외쳤어.

윤봉길의 소식은 빠르게 퍼져 나갔어.

전 세계의 신문들이 앞다퉈 다루기 시작했지. 김구와 한인 애국단이 예상했던 대로였어. 상하이 사람들에게도 큰 화젯거리였지.

"훙커우 공원에 폭탄이 터졌다는데 알고 있나?"

"일왕의 생일 축하 자리가 죽을 자리인 걸 누가 알았겠나."

"일본 놈들이 기세등등하게 날뛰다 큰코다쳤지!"

모두 속이 후련하다는 눈치였어. 그럴 만도 했지.

일본군 사령관 대장 시라카와는 큰 부상으로 실려 갔다가 끝내는 사망했어. 해군 중장 노무라는 오른쪽 눈을 잃었고, 제9사단장 우에다는 왼쪽 다리를 잃었지. 그 외에도 여러 명이 크게 다쳤어.

1932년 12월 19일. 훙커우 공원 현장에서 붙잡힌 윤봉길은 일본의 허름한 군 사격장에서 총살당했어. 20대의 꽃다운 나이였지. 윤봉길의 목숨값은 실로 컸어. 세계 여러 나라들이 대한민국의 독립 운동을 지지하기 시작했어. 김구와 임시 정부를 돕는 손길도 곳곳에서 이어졌지.

김구는 중국의 최고의 권력자 장제스 총통의 초대를 받았어. 중국 역시 일본에 맞서고 있었기 때문에 장제스는 만나자마자 윤봉길 이야기를 꺼냈어.

"훙커우 공원 공격은 아주 통쾌했습니다."

"이제 시작일 뿐입니다."

김구가 답했어.

"수억 명의 중국인이 못한 일을 한 사람의 조선인이 해내다니 정말 놀랍습니다."

"……."

김구는 차마 대답을 못하고 눈시울을 붉혔어.

수첩과 회중시계를 건네며 김구를 바라보던 윤봉길의 얼굴이 떠올랐어. "살아서는 선생님을 절대 뵙지 않을 것입니다."라는 윤봉길의 목소리가 메아리처럼 들려왔어.

효창 공원 삼의사 묘

1945년 8월 15일 낮 12시였어.

라디오 방송에서 일왕의 떨리는 목소리가 흘러나왔어. 수많은 사람들이 귀를 기울여 방송을 듣고 있었어.

"짐은…… 이 시국을 수습코자…… 연합국의……."

지직대는 잡음 때문에 무슨 내용인지 아리송했어. 그러나 '무조건 항복'이라는 말은 또렷하게 들려왔지.

"어흑……."

일본인들은 엎드려 울음을 터트렸어.

"대한 독립 만세!"

반대로 조선의 동포들은 만세를 외치며 거리로 쏟아져 나왔어.

만세 소리와 함께 거리마다 태극기 물결이 넘쳐 났지. 누구도 총칼로 위협하지 못했어. 광복의 기쁨에 겨운 사람들은 목이 터져라 만세를 불렀지.

김구도 중국에서 일본의 항복 소식을 들었어. 하지만 기쁨도 잠시 커다란 걱정이 앞섰어. 우리 스스로 얻은 독립이 아니라, 일본이 연합군에 항복했기 때문에 얻어진 독립이었거든.

'어쩌면 다른 힘센 나라의 간섭을 받을 수도 있어.'

김구의 걱정은 현실로 나타났어. 한반도 남쪽에는 미국이, 북쪽에는 소련이 각각 들어왔지. 그 바람에 김구도 임시 정부의 수장 자격으로 귀국할 수가 없었어. 1945년 11월, 김구는 개인 자격으로 조용히 고국으로 돌아왔단다.

김구는 무엇보다도 먼저 윤봉길의 유골을 우리나라로 되찾아 오기로 했어. 그래서 서둘러 청년들을 일본으로 보냈지. 청년들은 윤봉길이 사형을 당했던 일본 군부대 사격장을 찾아갔어. 일본에 살고 있던 동포들도 함께했지.

"윤봉길 의사가 어디에 묻혀 있소?"

"육군 묘지인지 공동묘지인지 잘 모르겠소."

일본 관리들이 고개를 갸우뚱했어. 청년들은 두 묘지를 모조리 뒤졌지. 하지만 쉽사리 윤봉길의 묘를 찾을 수가 없었어. 그때 육군 묘지를 관리하고 있던 스님이 살짝 귀띔해 줬어.

"조선 독립군을 묻었다는 소문을 들은 적이 있소."

"어디쯤입니까?"

"쓰레기를 태우는 소각장이라고 들었소."

청년들은 서둘러 쓰레기 소각장을 파기 시작했어. 한참을 파 내려간 끝에 삽날 끝에 뭔가가 툭 걸렸지.

"십자가 모양 말뚝이야!"

"맞아, 윤봉길 의사의 사형 전 사진 속에 나온 말뚝 모양과 같아."

청년들은 조심스럽게 조금 더 파 내려갔어.

"관이다!"

윤봉길의 시신을 담은 관이 나왔어. 관 속에는 윤봉길 의사의 유골과 옷가지가 들어 있었지. 청년들은 울음을 터트렸어.

김구는 윤봉길의 묫자리로 서울 용산의 효창 공원을 골랐어. 원래 효창 공원은 조선 왕실의 무덤이 있었던 곳이야. 그런데 일본이 무덤을 옮기고 공원으로 만들었지.

1946년, 윤봉길의 유골은 효창 공원에 묻혔어.

윤봉길뿐만 아니라 조국 독립에 목숨을 바친 두 명의 독립투사 이봉창과 백정기의 묘도 함께 만들어졌어. 세 독립운동가들의 묘라고 해서 '삼의사 묘'라고 이름을 붙였지. 김구는 일본, 중국 등 다른 나라 땅에 묻힌 많은 독립운동가의 유골을 이곳에 모셔 올 계획을 세웠어. 물론 김구 자신도 훗날 이곳에 묻히길 바랐지.

김구는 윤봉길의 무덤 앞에 서서 챙겨 온 유품을 놓았어. 한인 애국단 입단 선서문, 수첩, 원래 김구의 것이었던 낡은 회중시계까지. 김구는 자신이 가지고 있던 회중시계를 나란히 옆에 놓았어. 윤봉길과 맞바꾼 그 시계였지.

김구는 윤봉길과 마주 선 듯 이름을 불렀어.

"이보게, 윤 동지!"

"……."

윤봉길의 대답은 들리지 않았어. 김구는 개의치 않았어. 살아서는 절대 만나지 말자고 윤봉길과 약속했기 때문이야. 김구는 눈앞에 윤봉길이 있다고 믿고 손을 내밀었어.

"윤 동지, 이렇게 다시 만나서 반갑소."

"선생님, 그간 건강하셨지요?"

바람결에 윤봉길의 목소리가 들려오는 듯했어.

"이 늙은이의 목숨이 길어 윤 동지를 만나러 가지 못하고 있다오."

"천천히, 천천히 오십시오. 앞으로 하셔야 될 일이 산더미처럼 쌓여 있지 않습니까?"

"그렇소. 이제 내 앞에는 또 다른 임무가 놓여 있소. 나누어진 조

국을 하나로 만드는 것."

김구는 품속에서 두툼한 종이 뭉치를 꺼내 윤봉길의 수첩 옆에 나란히 놓았어. 김구 자신이 독립을 위해 걸어온 길을 적은 일기장이었어.

"하나 된 조국을 만들겠다는 오늘 이 약속을 반드시 지키겠소."

나의 소원은!

1945년 12월, 소련의 모스크바에서 열린 회의에서 신탁 통치 결정이 내려졌어.

국제 연합이 정한 미국·영국·소련·중국이 5년간 우리나라를 대신 통치한다는 것이었지. 이는 우리나라 스스로 독립 국가를 세울 수 없다는 뜻이었어. 어렵게 일제의 식민 통치에서 해방되었는데 신탁 통치라니, 많은 사람들이 이 결정에 반대했어. 하지만 북한측에서 다시 뜻을 바꾸어 신탁통치에 찬성했어. 결국 한반도는 신탁 통치를 반대하는 남한과 신탁 통치를 찬성하는 북한으로 의견

이 나뉘었어.

김구는 경교장으로 독립운동을 했던 동지들을 불러 모았어. 경교장은 김구가 일을 처리하는 곳이자 집이었어.

"나는 결코 둘로 쪼개진 조국을 바라지 않았소!"

"선생님, 흑!"

동지들은 울분을 참으며 입술을 깨물었어. 김구는 동지들의 애통한 마음을 누구보다도 잘 알았어. 윤봉길처럼 목숨을 걸고 조국의 독립을 위해 싸운 사람들이었기 때문이야.

김구는 굳은 목소리로 말했어.

"신탁 통치는 결코 받아들일 수 없소!"

"……."

"신탁 통치를 막지 못하면 우리 조국은 영영 둘로 쪼개지는 비극을 맞이할 것이오."

"옳습니다, 싸워야 합니다."

경교장 안에 우레와 같은 함성이 가득 찼어. 중국을 떠돌며 일본에 맞섰던 임시 정부가 그대로 경교장으로 옮겨 온 듯싶었지. 하지만 김구의 바람과는 달리 남과 북은 서로 다른 정부를 세울 준비를

시작했어.

  김구는 더는 두고 볼 수가 없었어. 북쪽으로 넘어가 북한의 지도자들을 설득해야겠다고 결심했지. 그러자 동지들이 막아섰어.

"남북한이 이렇게 대립하고 있는 지금 북쪽으로 가시는 건 너무 위험합니다, 선생님."

"내 목숨은 이미 오래전에 내놓았네."

"그래도 안 됩니다."

  김구는 대답 대신 책상 위의 《백범일지》를 가리켰어. 독립운동을 할 때 김구에게는 늘 일본의 현상금이 걸려 있었어. 광복을 맞이한 뒤에는 불안한 정치 상황으로 반대파들의 암살 위협에 놓였지. 그

래서 언제 죽을지 몰라 유언 삼아 썼던 게 《백범일지》였어. 그 모든 과정을 알고 있던 동지들은 더 이상 김구를 말리지 못했지.

김구는 삼팔선*을 넘어 북쪽으로 올라갔어.

"삼팔선을 베고 죽을지언정 어느 한쪽만의 단독 정부에 찬성하지 않는다!"

김구가 삼팔선을 넘으며 한 말이야.

김구는 북쪽의 지도자들을 설득했어. 수많은 사람들을 모아 놓고 연설할 때도 김구의 바람은 하나였어.

"나는 절대 두 동강 난 조국을 바라지 않습니다. 미국과 소련을 물리치고 삼팔선을 걷어 내야 합니다. 그래야 우리의 소원인 하나 된 조국이 탄생할 것입니다."

하지만 김구의 노력에도 결과는 바뀌지 않았어.

1948년 8월 15일, 남쪽에서 먼저 대한민국 정부가 세워졌어. 초대 대통령은 이승만이었지. 북쪽도 가만있지 않았어. 9월 9일에 공산당 정권을 세웠지. 소련을 등에 업은 김일성이 북한의 지도자가 됐어.

끝까지 남북한의 하나 된 정부를 원했던 김구는 남한 정부 수립

* 삼팔선: 신탁 통치 당시 북위 38도가 되는 삼팔선을 기준으로 남측에는 미군, 북측에는 소련군이 주둔하였다.

에 함께하지 않았어. 그러자 김구를 눈엣가시처럼 여기는 사람들이 늘어났지. 늘 함께였던 동지들도 점점 떠나갔어. 김구가 사는 경교장에는 사람들의 발길이 뜸해졌지. 김구는 습관처럼 《백범일지》를 펼쳐 보곤 했어.

  김구는 무심코 한 페이지를 읽어 내려갔어. 자신이 늘 입에 달고 살았던 '나의 소원'이 적힌 페이지였지.

> 네 소원이 무엇이냐, 하고 하느님이 물으신다면
> 나는 서슴지 않고 내 소원은 대한 독립이오, 하고 대답할 것이다.
> 그다음 소원은 무엇이냐, 하면
> 나는 또 우리나라의 독립이오, 할 것이요.
> 그다음 소원은 무엇이냐는
> 세 번째 물음에도 나는 더욱 소리를 높여서
> 나의 소원은 우리나라 대한의 완전한 자주독립이오, 하고
> 대답할 것이다.

1949년 6월 26일 일요일이었어.

장마를 앞둔 초여름 날씨는 몹시 무더웠어. 한낮, 경교장 2층에서 네 발의 총성이 울렸지.

탕! 탕! 탕! 탕!

서대문 경찰서 경비 주임이 황급히 경교장 2층으로 뛰어 올라갔어.

"서, 선생님!"

김구는 머리에 피를 흘린 채 책상에 쓰러져 있었어. 손은 책상 모서리를 움켜잡고 있었지. 책상 앞에는 육군 소위 안두희가 권총을 들고 서 있었어. 곧 네다섯 명의 군인들이 들이닥쳤어. 군인들은 다짜고짜 안두희를 차에 태워 어디론가 사라져 버렸지.

김구는 그렇게 눈을 감았어.

"김구 선생님이 돌아가셨어!"

"평생 꿈꿔 왔던 하나 된 나라를 보지 못하시고, 흑흑……."

김구의 갑작스러운 죽음에 사람들은 슬픔에 빠졌어.

민족의 지도자였던 김구의 장례식은 국민장*으로 치러졌어. 10

---

* 국민장: 국가와 사회에 큰 공이 있는 사람이 죽었을 때, 온 국민의 이름으로 지내는 장례. 장례 비용의 일부를 나라에서 지원하기도 한다.

일 동안 100만 명이 훨씬 넘는 사람들이 장례식에 참여했어. 모두 김구처럼 하나 된 나라를 꿈꿔 왔던 사람들이었지.

    오호! 여기 발 구르며 우는 소리
    지금 저기 아우성치며 우는 소리
    하늘도 땅도 울고 바다조차 우는 소리
    끝없이 우는 소리
    임이여 가십니까?

김구의 죽음을 슬퍼하며 사람들은 노래를 불렀어. 김구를 실은 상여는 눈물 바람을 타고 효창 공원으로 향했지.

비록 김구는 세상을 떠났지만, 김구가 심어 놓은 하나 된 대한민국의 꿈은 지금까지 자라고 있어. 통일의 열매를 맺을 그날까지 말이야!

인물의 발자취를 찾아 떠나는 여행

  1910년 일본에 강제로 나라를 빼앗긴 후 우리 민족은 독립을 맞이하는 순간까지 쉬지 않고 일본에 저항했어요. 특히 1919년 3월 1일에는 목청껏 대한 독립 만세를 외쳐 전 세계에 우리 민족의 독립 의지를 보여 주었지요.

  자기 자신의 안전과 이익을 버리고 조국을 위한 삶을 산 독립운동가들 중 무력을 사용해 싸우다가 목숨을 바친 분들을 '의사'라고 불러요. 중국 하얼빈역에서 이토 히로부미를 향해 총구를 겨눈 안중근 의사, 일왕에게 수류탄을 던진 이봉창 의사, 그리고 훙커우 공원에서 폭탄을 던진 윤봉길 의사 등이 있어요. 힘으로 싸우지는 않았지만, 끝까지 독립을 외치

다가 죽음을 맞은 분들은 '열사'라고 부르지요. 유관순 열사, 이준 열사 같은 분들을 말해요. 우리는 이러한 독립운동가들의 숭고한 희생이 오늘날의 대한민국을 만들었다는 사실을 꼭 기억해야 해요.

윤봉길과 김구의 발자취를 통해 강인한 의지로 역경을 이겨 낸 우리 민족의 역사를 함께 되짚어 봐요.

▲ 김구와 윤봉길

청년 윤봉길이 대장부의 뜻을 세운 곳, 예산

윤봉길은 충청남도 예산의 광현당이라는 작은 초가에서 태어났어요. 네 살 무렵부터는 저한당이라는 집으로 이사해 20대 초반까지 살았다고 해요.

윤봉길은 저한당의 사랑방에 마을 사람들을 모아 한글을 가르쳤어요. 그러다가 부흥원이라는 마을 회관을 만들어 농민들을 교육시켰어요. 〈토끼와 여우〉라는 연극을 통해 일본의 비열함을 비꼬기도 했지요. 사람들은 낮에는 일하고 밤이면 부흥원에 모여 한글과 역사, 농사짓는 법 등을 배웠어요.

그러던 중 윤봉길은 독립운동을 위해 '대장부가 뜻을 품고 집을 떠나면 뜻을 이루기 전에는 살아서 돌아오지 않는다.'는 편지를 남기고 고향을 떠납니다. 그후 다시는 고향 땅을 밟지 못했지만, 예산에는 윤봉길 의사를 기념하는 기념관과 사당이 세워져 그 뜻을 기리고 있어요. 예산뿐 아니라 서울 양재동에도 윤봉길 의사 기념관이 있답니다.

87

▲ 윤봉길이 살던 집 저한당 ⓒ 국가유산청

▲ 윤봉길을 기리는 사당 충의사 ⓒ 국가유산청

▲ 윤봉길이 아이들과 농민들을 가르쳤던 부흥원 ⓒ 국가유산청

▲ 윤봉길 의사 유물 전시관 ⓒ 국가유산청

청년 김구의 인생에 새 삶을 준 특별한 곳, 인천

황해도 해주에서 태어난 김구에게 인천은 매우 특별한 곳이에요. 김구는 '인천은 내 일생에서 뜻깊은 곳이다.'라고 《백범일지》에 쓰기도 했지요. 스무 살의 청년 김구는 고종의 왕비 중전 민씨를 죽인 일본에 복수하기 위해서 한 일본인을 살해했어요. 이 일로 인해 인천에 있는 개항장 재판소에서 사형 선고를 받았어요. 그런데 죽음이 코앞에 닥친 순간, 기적처럼 고종의 명령으로 사형을 면하게 되었지요. 만약 김구가 그때 사형을 당했다면 대한민국 임시 정부의 운명은 달라졌을 거예요.

▲ 김구의 서명문이 담긴 태극기 ⓒ 국가유산청

▲ 마곡사 김구 나무 ⓒ 게티이미지코리아

▲ 인천 개항장 역사문화의 거리에 세워진 김구 동상 ⓒ 인천광역시 중구

▲ 백범 김구 ⓒ 게티이미지코리아

김구는 인천 형무소에 갇혀 지내는 동안 사람들에게 글을 가르치기도 했어요. 감시가 허술한 틈을 타서 탈옥을 한 뒤에는 전라남도 보성에서 숨어 지내다가 공주 마곡사에서 스님으로 생활하기도 했지요. 김구가 심었다고 알려진 마곡사의 향나무는 '김구 나무'라는 별명을 갖고 있답니다.

독립운동을 하던 중 김구는 서른아홉 살에 또다시 인천 형무소에 갇히게 되었어요. 죽음의 위기를 두 번이나 겪고 새로운 삶을 얻은 곳이니 김구나 우리 민족에게 인천은 뜻깊은 장소라 할 수 있지요.

개항장 재판소와 인천 형무소가 있던 자리는 '개항장 역사문화 지역'으로 지정되어 개항기와 일제 강점기 당시의 모습을 엿볼 수 있어요. 이곳에서 김구의 동상도 찾아볼 수 있답니다.

중국 땅에 세워진 우리나라 임시 정부, 상하이의 독립운동가

1919년 3·1 운동 당시, 우리나라 사람들은 어린이나 어른, 남자나 여자 할 것 없이 모두 한목소리로 목 놓아 "대한 독립 만세"를 외쳤어요. 하지만 바로 독립이 이루어진 것은 아니었어요. 일본의 감시와 압박으로 국내에서 독립운동이 어려워지자 가까운 중국에 대한민국 임시 정부를 세웁니다. 상하이 작은 골목에 위치한 대한민국 임시 정부는 이렇게 탄생했죠.

임시 정부의 김구는 한인 애국단을 만들어 비밀리에 일본인 암살 계획을 세웠어요. 한인 애국단에 가입한 윤봉길은 김구와 만나 훙커우 공원의 거사

▲ 중국 상하이의 대한민국 임시 정부 청사 ⓒ 연합뉴스 헬로아카이브

를 계획했지요. 윤봉길이 상하이에서 열린 일왕의 생일 축하연에서 폭탄을 던진 훙커우 공원은 지금은 루쉰 공원으로 이름이 바뀌었어요. 매화꽃이 흐드러지게 피는 이 공원에서 윤봉길은 조국을 위해 자신의 삶을 바치는 선택을 합니다.

 윤봉길의 희생은 중국인의 마음에도 큰 감동을 주었어요. 덕분에 대한민국 임시 정부는 중국 정부의 도움을 받게 되었지요. 현재 루쉰 공원에는 윤봉길을 기념하기 위한 기념관이 세워져 있답니다.

▲ 한인 애국단에 입단한 윤봉길

▼ 루쉰 공원의 윤봉길 기념관 © carpkazu

우리가 기억해야 할 이곳, 서대문 형무소

▲ 서대문 형무소 ⓒ 국가유산청

▲ 서대문 형무소 내부 ⓒ 국가유산청

서대문 형무소는 일본에 저항하는 독립운동가를 가두기 위해 만든 감옥이었어요. 처음에는 500명 정도의 사람을 가두어 둘 수 있는 크기로 만들었는데, 독립운동이 거세지자 점차 규모를 늘려 나갔어요.

해방을 앞둔 1944년에는 이곳에 자그마치 2,890명이나 수감되어 있었다고 해요. 김구, 유관순, 김좌진, 신채호, 안창호 등 수많은 독립운동가들이 이곳에 갇혔었지요. 이 중에서도 유관순 열사는 서대문 형무소의 좁은 지하 감방에서 삶을 마감했어요.

서대문 형무소는 1층과 2층으로 이루어져 있어요. 건물의 중앙에 서 있으면 사방으로 감방이 뻗어 있어 한눈에 감시하기 좋은 구조지요. 이곳에서는 비인간적인 고문과 사형이 이루어졌어요. 죽거나 사형당한 시신은 남모르게 버려지기도 했답니다.

높은 담장에 둘러싸였던 이곳은 이제 더 이상 감옥이 아니에요. '서대문 형무소 역사관'으로 이름을 바꾸고 독립문, 독립 공원과 함께 우리가 기억해야 할 역사를 체험하는 공간으로 활용되고 있답니다.

돌아온 윤봉길과 김구

훙커우 공원에서 폭탄을 터뜨려 일본군 시라카와 총사령관을 죽게 만든 윤봉길은 어떻게 되었을까요? 가혹한 고문을 받고 사건이 일어난 지 한 달도 채 되지 않는 짧은 기간에 재판을 받고 사형을 선고받았어요. 그리고 일본으로 옮겨져 총살당했지요.

광복 이후 김구의 주도 아래 우리나라의 청년들과 일본에 살고 있던 동포들이 윤봉길의 시신을 찾기 시작했어요. 사형장 근처 쓰레기장으로 오가는 통행로에서 발굴된 윤봉길의 유골은 우리나라로 돌아와 서울 용산구에 있는 효창 공원에 안장되었어요. 윤봉길, 이봉창, 백정기 의사가 묻힌 이곳을 '삼의사 묘'라고 부르지요.

사진 속의 삼의사 묘를 보면 비석과 봉분이 하나 더 보입니다. 바로 중국 하얼빈역에서 이토 히로부미를 죽인 안중근의 무덤이에요. 안중근의 시신은 아직 찾지 못했지만, '가묘'라고 하여 정식 무덤을 만들기 전 임시로 무덤을 만들어 둔 거예요. 안중근 의사의 정식 무덤이 만들어지면 그때는 '사의사 묘'로 이름이 바뀌게 되겠죠?

광복 후 김구는 남북이 하나 된 통일 국가를 이루기 위해 노력했어요. 하지만 1949년 자신의 집인 서울 종로구의 경교장에서 안두희라는 사람이 쏜 총을 맞고 숨졌어요. 김구의 시신 역시 효창 공원에 안장되었습니다.

▲ 효창 공원 삼의사 묘 ⓒ 국가유산청

▲ 효창 공원 김구 묘 ⓒ 국가유산청

원래 효창 공원은 정조의 첫 번째 아들인 문효 세자의 무덤이 있는 효창원이었어요. 문효 세자가 어린 나이에 홍역으로 목숨을 잃자 슬픔에 빠진 정조가 궁궐 가까이에 무덤을 만든 거죠. 그 후 문효 세자의 어머니인 의빈 성씨가 이곳에 묻히면서 왕실의 가족묘로 자리 잡았어요. 그런데 아름다운 숲이 우거진 효창원이 골프장으로 변하는 일이 일어나고 맙니다. 일제 강점기, 일본에 의해서였지요. 무덤은 강제로 다른 곳으로 옮겨지고, 효창원은 일본인들이 골프를 치는 곳이 되었어요.

▲ 윤봉길, 이봉창, 백정기 의사의 유해가 우리나라로 돌아오는 모습

독립 후 김구는 효창 공원에 독립운동가들의 묘를 만들었어요. 이후 김구도 이곳에 묻히게 되면서 애국선열들의 무덤을 나라에서 관리하게 되었지요. 이후 효창 공원 안에 백범김구기념관, 임시 정부 주요 인사들의 무덤과 독립운동가들의 위패가 모셔진 사당이 세워지면서 우리가 반드시 기억해야 할 역사적 장소가 되었어요.

인물 연표

◆ 김구·윤봉길

1876 김구가 황해도 해주에서 태어났어요.

1893 김구가 동학에 입도했어요.

1896 김구는 중전 민씨를 죽인 일본에 원수를 갚기 위해 일본인을 살해하고 인천 형무소에 갇혔어요.

1932 윤봉길이 훙커우 공원에서 일본군에게 폭탄을 던졌어요. 현장에서 체포된 윤봉길은 몇 개월 뒤 순국했어요.

1930 윤봉길은 독립운동을 위해 중국으로 향했어요.

1926 윤봉길이 농촌 계몽 운동을 시작했어요. 김구가 대한민국 임시 정부의 국무령으로 선출되었어요.

1933 김구가 중국 장제스 총통을 만나 항일 운동에 대한 지원을 약속 받아요.

1945 대한민국이 광복을 맞이했어요.

1903 기독교에 입도한 김구는 교육 운동에 힘썼어요.

1908 윤봉길이 충청남도 예산에서 태어났어요.

1919 중국 상하이로 망명한 김구는 임시 정부의 경무 국장이 되었어요.

1910 일본에 나라를 빼앗겼어요.

1946 김구의 주도 아래 윤봉길의 유해가 효창 공원에 묻혔어요.

1948 한반도 남쪽과 북쪽에 각각 정부가 수립되었어요.

1949 김구가 암살당했어요. 김구의 장례식이 국민장으로 치러졌어요.

찾아보기

《조선혁명선언》 39, 40
《백범일지》 79, 80, 81, 88
〈대한매일신보〉 54

3·1운동 31, 90

가묘 94
경교장 77, 79, 81, 82, 94
고문 42, 54, 93
고종 47, 88
광현당 87
국권 54
국모 50, 51
국민장 82, 97
김좌진 93

농촌 계몽 운동 37, 96

동학 47, 96

루쉰 공원 91

마곡사 89, 90
밀정 12

백범 9, 57, 89
백범김구기념관 95
보통학교 30, 34, 35
부흥원 37, 39, 87, 88
불란서 28

삼의사 묘 70, 73, 93, 94
삼팔선 80
서당 31, 34
서대문 형무소 92, 93
서대문 형무소 역사관 93
수류탄 11, 16, 17, 45, 86
식민지 54, 59
신채호 39, 93

98

신탁 통치	76, 77, 80

안중근	31, 44, 54, 86, 94
안창호	54, 57, 58, 93
암살	80, 90
애국선열	95
야학	35
야학당	35
열사	87, 93
외교권	53
위패	95
유관순	87, 93
유서	19, 27
윤봉길 기념관	91
을사늑약	53
의병	47, 51
의사	72, 86, 87, 88, 93, 94, 95
이봉창	11, 19, 45, 46, 73, 86, 93, 95
이흑룡	39, 40, 42

인천 형무소	90, 96
장제스	69, 96
저한당	87, 88
조계지	20
통일	85, 94
한일 병합 조약	54
호	57
회중시계	30, 60, 61, 69, 74
효창 공원	70, 73, 85, 93, 94, 95, 97
효창원	95

나를 버리고 나라를 택하다

초판 1쇄 발행 2024년 08월 01일

글 김해등 **그림** 이영림
발행처 주식회사 스푼북 **발행인** 박상희 **총괄** 김남원
편집 길유진 김선영 박선정 김선혜 권새미
디자인 이지숙 권수아 정진희 **마케팅** 구혜지 박미소
출판신고 2016년 11월 15일 제2017- 000267호
주소 (03993) 서울시 마포구 월드컵북로 6길 88-7 ky21빌딩 2층
전화 02-6357-0050(편집) 02-6357-0051(마케팅)
팩스 02-6357-0052 **전자우편** book@spoonbook.co.kr

ⓒ 김해등, 이영림 2024
ISBN 979-11-6581-546-2 (73910)

* 저작권법에 의하여 한국 내에서 보호를 받는 저작물이므로 무단 전재와 무단 복제를 금합니다.
* 잘못 만들어진 책은 구입하신 곳에서 바꾸어 드립니다.

제품명 나를 버리고 나라를 택하다		⚠ 주 의
제조자명 주식회사 스푼북 | 제조국명 대한민국 | **전화번호** 02-6357-0050		아이들이 모서리에 다치지 않게 주의하세요.
주소 (03993) 서울시 마포구 월드컵북로6길 88-7 ky21빌딩 2층		
제조년월 2024년 08월 01일 | **사용연령** 10세 이상		
※ KC마크는 이 제품이 공통안전기준에 적합하였음을 의미합니다.